¡Es Navidad!

por Richard Sebra

BUMBA BOOKS™
en español

EDICIONES LERNER ◆ MINEÁPOLIS

Muchas gracias a José Becerra-Cárdenas, maestro de segundo grado en Little Canada Elementary, por revisar este libro.

Nota a los educadores:
A través de este libro encontrarán preguntas para el pensamiento crítico. Estas preguntas pueden utilizarse para hacer que los lectores jóvenes piensen críticamente del tema con la ayuda del texto y las imágenes.

ediciones Lerner
Una división de Lerner Publishing Group, Inc.
241 First Avenue North
Mineápolis, MN 55401, EE. UU.

Si desea averiguar acerca de niveles de lectura y para obtener más información, favor consultar este título en www.lernerbooks.com

Library of Congress Cataloging-in-Publication Data

Names: Sebra, Richard, 1984– author.
Title: ¡Es Navidad! / por Richard Sebra.
Other titles: It's Christmas! Spanish
Description: Minneapolis : Ediciones Lerner, 2018. | Series: Bumba books en español. ¡es una fiesta! | Includes bibliographical references and index. | Audience: Age 4–7. | Audience: K to grade 3.
Identifiers: LCCN 2017053129 (print) | LCCN 2017056162 (ebook) | ISBN 9781541507869 (eb pdf) | ISBN 9781541503441 (lb : alk. paper) | ISBN 9781541526587 (pb : alk. paper)
Subjects: LCSH: Christmas—Juvenile literature.
Classification: LCC GT4985.5 (ebook) | LCC GT4985.5 .S4318 2018 (print) | DDC 394.2663—dc23

LC record available at https://lccn.loc.gov/2017053129

Fabricado en los Estados Unidos de América
1-43839-33672-1/3/2018

Expand learning beyond the printed book. Download free, complementary educational resources for this book from our website, www.lernerresource.com.

Tabla de contenido

Época Navideña

La Navidad es una fiesta alegre.

La gente la celebra alrededor

del mundo.

La celebración es en el invierno.

Es el 25 de diciembre.

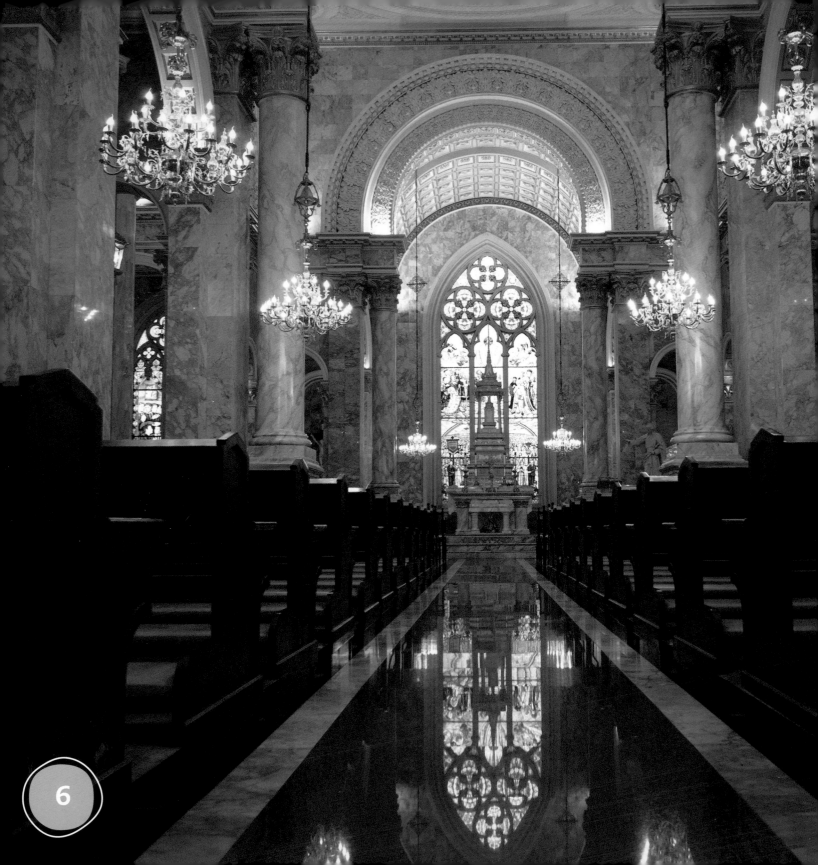

La Navidad es una

fiesta cristiana.

Muchas personas van

a la iglesia.

La gente decora sus casas.

Cuelgan luces.

Cuelgan también coronas navideñas.

¿De qué otra manera pueden las personas decorar su casa?

corona
navideña

adorno
navideño

Las personas ponen árboles de

Navidad en sus casas.

Los árboles son bonitos.

Tienen muchas luces.

Tienen muchos adornos navideños.

Las familias se reúnen.

Comen grandes comidas.

Muchas familias comen

jamón o pavo.

Las galletas son

de postre.

Las personas se dan regalos los unos a los otros.

Los regalos son envueltos en papel.

Los niños por lo regular reciben juguetes.

¿Qué otros regalos pueden recibir los niños?

La gente canta villancicos
navideños.

Algunas personas cantan
para sus vecinos.

Muchas personas escriben

tarjetas de Navidad.

Le envían las tarjetas a sus amistades.

Escriben de los sucesos del año anterior.

¿Qué escribirías en una tarjeta de Navidad?

La Navidad es una época

de alegría.

Es un tiempo de celebración.

Calendario Navideño

Algunas personas usan calendarios especiales para contar los días hasta Navidad.

Glosario de imágenes

adornos navideños

cosas lindas que se le ponen al árbol de Navidad

coronas navideñas

círculos de hojas o flores

iglesia

un lugar donde la gente ora

regalos

artículos que las personas se dan en una fiesta

23

Índice

Leer más

Felix, Rebecca. *We Celebrate Christmas in Winter*. Ann Arbor, MI: Cherry Lake Publishing, 2014.

Pettiford, Rebecca. *Christmas*. Minneapolis: Jump!, 2015.

Stevens, Kathryn. *Christmas Trees*. Mankato, MN: The Child's World, 2015.

Agradecimientos de imágenes

Las imágenes en este libro son utilizadas con el permiso de: © Torwai Seubsri/Shutterstock.com, página 5; © a454/Shutterstock.com, páginas 6–7, 23 (arriba a la izquierda); © quackersnaps/ iStock.com, páginas 9, 23 (abajo a la derecha); © EarnestTse/iStock.com, páginas 10, 23 (abajo a la izquierda); © Monkey Business Images/Shutterstock.com, páginas 12–13, 18; © oliveromg/ Shutterstock.com, páginas 14, 23 (arriba a la derecha); © Juanmonino/iStock.com, páginas 16–17; © monkeybusinessimages/iStock.com, página 21; © evemilla/iStock.com, página 22.

Portada: © RoJo.com/Shutterstock.com.